NOTICE SUR LA TREMBLADE

(CHARENTE-INFÉRIEURE)

ET SUR SES BAINS DE MER

NOTICE

SUR

LA TREMBLADE

(Charente-Inférieure)

ET SUR

SES BAINS DE MER

PAR

G. D'HOSTE

Ancien Notaire à Soubise

ROCHEFORT

IMPRIMERIES MERCIER ET DEVOIS, RUE DES FONDERIES, 72

1862

AVANT-PROPOS.

La première fois que je traversai la Seudre et que mon pied foula le terrain sablonneux de La Tremblade, ce fut à l'occasion des bains de mer. Le 19 août 1835, si j'ai bonne mémoire, j'arrivai clopin-clopant à l'heure où Phébus, fatigué lui-même, va se délasser, en éteignant ses feux, dans le sein humide de l'Océan. Par contre-temps, mes hôtes, absents du logis, étaient allés respirer l'air frais du soir, en sorte que je fus presque surpris et dans l'embarras dans cette ville inconnue. Enfin, on arrive, on rit, on cause, et les plus beaux projets de rouler pour le lendemain.

A trois heures debout, tout le monde, avant l'aube, est sur pied. Six charrettes, à larges roues, attelées chacune de six bœufs, attendent les baigneurs qui, au nombre de 80, sont traînés lentement à travers les sables, sur les bords de la Côte Sauvage. C'est une partie de côte organisée, c'est charmant!

Quelle délicieuse matinée, que d'émotions au milieu de ces dunes où défile gravement notre joyeuse caravane! Pour moi, c'est l'Afrique, que dis-je? C'est le grand Désert! Mes idées se perdent, c'est un monde nouveau! Quel contraste, en partant de Rochefort! je vois Soubise, aux bords fangeux; Moëze, aux marais à peine sauvés des eaux; Brouage, la triste et désolée, qui pleure son ancienne grandeur, et Marennes, qui ne se distingue que par son clocher. Au lieu de cette terre compacte et marécageuse, c'est un sol doux et aplani; mon âme grandit avec cette nature nouvelle. Pour la première fois, j'ai senti battre mon cœur; car plus d'un souvenir se reporte à cette partie de côte, et j'aurais été ingrat si je n'en avais pas parlé.

NOTICE SUR LA TREMBLADE

(Charente-Inférieure)

ET SUR SES BAINS DE MER

CHAPITRE PREMIER

Description de La Tremblade, de Maumusson.— Rapport des chroniqueurs sur la position du Promontorium *et* Portus Santonum. *— Opinion de MM.* MASSIOU, DE LA SAUVAGÈRE & LETERME.

La ville de la Tremblade, qui forme l'un des six cantons de l'arrondissement de Marennes, département de la Charente-Inférieure, est admirablement assise sur les bords de la Seudre et de la mer, dans un pays riche, dont le sol, moitié calcaire et sablonneux, se trouve fécondé par les détritus et le limon de la mer qui le couvrait, autrefois, en grande partie de ses eaux.

Elle dépendait de la Saintonge, *cette perle de la couronne*, comme on le disait, sous le règne de nos anciens rois.

A l'est, elle est bornée par le canton de Royan, à l'ouest et au midi, par l'Océan Atlantique, et au nord, par la Seudre, ce bras de mer, fleuve ou rivière, comme on voudra l'appeler, qui est la source de tant de richesses pour les habitans.

« L'île d'Oleron qui touchait au continent, en fut séparée, il y a plusieurs siècles, par l'irruption violente de l'Océan ; et, comme dans ces temps reculés, ainsi que l'observent les vieux chroniqueurs, le cap de Chassiron était le point le plus culminant de cette côte, on ne peut raisonnablement se refuser à voir dans ce cap le *Promontorium Santonum*. Là se trouvait probablement, comme de nos jours, un fanal qui, dans les ténèbres de la nuit, signalait aux navigateurs l'entrée du canal de la Seudre, à l'extrémité duquel était le *Portus Santonum*.

« Ce qui vient à l'appui de cette dernière conjecture, c'est que, ainsi que cela semble résulter de l'aspect des lieux, et ainsi que l'indique La Sauvagère, auteur recommandable, l'île d'Oleron tenait peut-être encore à la côte d'Arvert, par la pointe de Saint-Trojan, qui n'avait pas été encore rompue par les eaux du pertuis d'Antioche.

» L'embouchure de la Seudre qui s'ouvre au midi et au nord de cette pointe, n'avait alors d'ouverture que de ce dernier côté, au-dessus de l'île de Marennes, et les navires, pour venir la chercher au fond du pertuis, devaient doubler la pointe nord-ouest de l'île d'Oleron.

» Pendant que le courant d'Antioche envahit et dévaste l'intérieur de la rade, au sud de l'île d'Oleron courent les eaux rapides du pertuis de Maumusson. La barre de Gadeseau, jetée obliquement dans ce canal, le rend très dangereux. Obstrué par des sables mouvans, il ne peut guère être traversé que la sonde à la main. La position presque circulaire des bancs de sable et la rencontre violente des courans de Maumusson et d'Antioche occasionnent, entre l'île d'Oleron et la Terre Ferme, des remoux ou tournoiements d'eau qui font dire aux matelots qu'il s'y trouve un gouffre. Le choc des courans qui se heurtent dans la rade, et le mugissement extérieur de la mer sauvage, se font entendre à de grandes distances. Lorsque le vent souffle de l'ouest et jette sur cette frontière de l'Europe une plus grande masse d'eau, les habitans des îles et des côtes, pendant le silence de la nuit, entendent, dans le lointain, le roulement sourd des vagues, dont le bruit a quelque chose d'effrayant, comme si l'Atlantique allait franchir ses rivages, et les menaçait d'une irruption nouvelle. » C'est ainsi que s'explique Massiou, dans son histoire de la Saintonge.

M. Leterme, dans sa notice sur l'arrondissement de Marennes, ajoute : « Le pertuis de Maumusson, jadis si redoutable, s'améliore journellement. Tout bâtiment qui peut s'aider du vent, le traverse aujourd'hui sans difficulté : mais si le vent cesse, si le calme revient pendant qu'il s'y trouve engagé, la lutte des courans opposés le jette infailliblement sur des bancs de sable qui s'amoncellent autour de ses flancs et finissent, en peu d'instants, par l'engloutir. »

La Seudre (ou plutôt selon Danville, Bourignon et la Sauvagère, le Seudre), reçoit son nom d'un petit ruisseau qui prend sa source à Borion, près Plassac, arrondissement de Saintes, et vient se jeter à Saujon, dans le bras de mer qui pénètre dans les terres jusqu'à ce point.

Elle se rétrécit sensiblement à partir du chenal du Liman, et surtout de celui de Dercie, en remontant vers Saujon, et est traversée, tant vers Mornac que vers l'Éguille, par deux bancs de rochers, qui diminuent sur ces deux points sa profondeur et la divisent, en quelque sorte, en trois bassins.

Sous le rapport de l'étendue comme de la sûreté du mouillage, il n'existerait donc point de bassin plus propre à recevoir des flottes nombreuses, si l'entrée déjà obstruée par des bancs de sable, n'était également gênée par le peu de profondeur et de largeur des pertuis de Maumusson et des courants d'Oleron, par lesquels on arrive à ce même bassin.

Il y a tout fondement de croire avec Danville et M. de la Sauvagère que, dans les temps reculés, quand le passage de Maumusson, ou n'existait pas, ou, étant beaucoup plus étroit, avait moins accumulé les bancs de sable à son embouchure, par la lutte de ses courants avec ceux de la Seudre et de ses couraux, et qu'en outre, les navires étaient d'un tonnage moins considérable que celui de nos vaisseaux de haut bord, la proximité et le grand avantage de la position avaient fait établir sur ce point, le port des Saintongeais, dont parle Ptolomée et qu'il place, précisément comme la Seudre, entre l'embouchure de la Gironde et celle de la Charente.

Postérieurement, et avant l'établissement des grands ports de l'Océan, la Seudre était, avec le Hâvre de Brouage, le principal port de la marine française. Dans l'état des bâtimens de guerre que Louis XIII y entretenait, sous le commandement de l'Archevêque de Bordeaux, on trouve la *Couronne*, du port de 2,000 tonneaux et 500 hommes d'équipage. Les *Trois Rois* de 500 tonneaux et 205 hommes d'équipage ; le *Turc*, de 250 tonneaux, etc. (*Gazette* du 10 août 1638, histoire de La Rochelle, 2me volume, page 457.)

Lorsque Louis XIV songea à former un grand établissement maritime vers cette partie des côtes, il jeta d'abord les yeux sur la Seudre, vers le point voisin de son embouchure, où le duc de Beaufort armait ses expéditions d'Afrique, et où, 30 ans avant l'établissement de la marine à Charente, c'est-à-dire de 1660 à 1665, il désarma encore 13 bâtiments de guerre. (*Voyez l'Histoire de Rochefort, par le père Théodore, capucin.*)

Les bancs de sable et la difficulté des constructions dans un terrain marécageux, furent les obstacles qui firent chercher un autre emplacement ; et, probablement, si l'on eût prévu tous ceux que l'on devait rencontrer à Rochefort, où l'on se fixa définitivement, on eût encore donné la préférence à la Seudre.

CHAPITRE 2.

Description nouvelle du Pays. — Mœurs, usage des Habitants. — Emigration des Filles et Femmes. — Industrie des Huîtres ; importance de ce commerce. — Verrerie. — Vinaigrerie. — Bois de Pin, Scieries à vapeur, résinerie.

De cette description ancienne du pays, passons maintenant aux mœurs actuelles, aux usages, à l'industrie et au commerce de ses habitants.

Ils sont généralement bons, courageux, hospitaliers et travailleurs. Leur intelligence a quelque chose de plus précoce et de plus développé que celle des gens de l'intérieur, qui, toujours attachés au sol, ne sont pas, par leurs habitudes, en contact journalier avec les étrangers et exposés sans cesse aux luttes de la mer.

C'est sans doute, dit Massiou, à la richesse et à l'heureuse position géographique de leur pays qu'il faut attribuer l'esprit hospitalier et l'aménité des mœurs des Saintongeois. Il est avéré, en effet, que les gens de mer sont tout aussi sociables, et, en même temps, plus propres à la civilisation que les hommes qui sont restés constamment attachés au continent. Instruits par les récits des voyageurs, éclairés par le commerce et la navigation qui les mettent en rapport avec les autres peuples du monde, les habitants du littoral de la Saintonge ont généralement le jugement sain, l'âme forte et l'esprit dégagé de préjugés.

La vie active qu'ils mènent les rend propres à supporter toutes les fatigues, et contribue à leur donner cette vigueur de santé capable de défier les maladies qui pourraient exister encore, plus loin, dans le bassin marécageux de Moëze et de Brouage. La Seudre et l'air pur de l'Océan forment une barrière et un cordon sanitaire infranchissables, qui mettent à l'abri La Tremblade des fièvres intermittentes qui règnent parfois dans le marais.

La plupart sont pêcheurs, et l'élève des huîtres est, sans contredit, le commerce le plus important auquel la population se livre avec le plus d'ardeur.

Cette industrie, bien que déjà fort ancienne, puisqu'elle remonte à plus de deux mille ans, a pris, depuis vingt années environ, une extension considérable. Elle s'est répandue sur tous les marchés du midi, elle traverse la mer, a pris de l'importance en Italie et s'est fixée d'une manière définitive en Algérie qu'elle traverse aujourd'hui, en tous sens, malgré les sables du désert.

Le nord de la France, bien que plus sobre de nos produits qu'il commence à apprécier, a fait, depuis quelques années, des demandes qui prouvent un changement dans ses goûts et ses habitudes qui se modifient chaque jour.

En revanche, les cours d'Allemagne, de Suède, de Norwége et de Danemark enlèvent, à grands frais et avec empressement, les meilleures de nos huîtres, destinées au banquet des princes, des hauts seigneurs et des rois.

Partout on reconnaît la supériorité des huîtres que nulle autre rive que celle de la Seudre ne peut produire avec ce goût et cette verdeur qui les font distinguer dans le monde entier.

Aussi, pour cultiver ce précieux mollusque et le faire arriver à l'état qui lui convient, pour son expédition, il n'est pas de soins et de peines que se donne le pêcheur.

D'abord, lorsque le jour pour l'ouverture de la drague est arrivé, et que la pêche des bancs à huîtres est fixée par l'administration, quel que soit le temps, opportun ou non, il s'élance sur la mer, malgré, souvent, la saison ingrate, les vents et les vagues qui luttent ensemble contre le travail pénible qu'il tente au hasard, sur des bancs déjà appauvris, et qui ne répondent nullement à ses recherches et à ses désirs.

Fatigué et dégoûté d'une pêche inutile, pendant les quelques jours de grâce accordés par la marine, il replie tristement ses dragues qui ne pourront maintenant lui servir que l'année suivante. Alors, trompé dans son attente, il court s'adresser à la Bretagne, à Noirmoutiers et autres lieux du littoral de la France qu'il croit plus favorisés ; mais, hélas ! là aussi, la disette s'est fait ressentir, car généralement tous nos bancs à huîtres sont épuisés.

Pressé par la nécessité, en fin de cause, il court demander à l'Espagne, et, surtout, à l'Angleterre, la principale pourvoyeuse de nos claires, le coquillage qu'il ne peut plus trouver en France. Ce ne sont pas les bancs à huîtres qui nous manquent, ils sont très nombreux, au contraire, et peuvent encore produire beaucoup dans l'avenir ; mais le mal provient directement du peu d'aptitude des agens de l'administration chargés de fixer le moment opportun pour ce genre de pêche. Leur inexpérience, en cette matière, a causé cet affreux dénûment qui menace de plus en plus l'industrie huîtrière. Le gouvernement, mieux éclairé par les faits qui se passent aujourd'hui, est décidé à apporter au mal un remède efficace. Il est question de mettre à la tête de nos pêcheries un homme éminent, M. Coste, membre de l'Institut, qui s'est fait remarquer par ses profondes études théoriques et pratiques sur l'éducation et l'élève des huîtres. Agent actif et instruit de nos besoins, nommé, depuis peu de temps, Inspecteur général, et armé de pleins pouvoirs que l'Empereur, dans sa haute sollicitude, lui a confiés, il se dispose à réparer le tort, sans doute involontaire, mais trop réel, qui a été fait maladroitement à nos bancs, afin que la France n'aille plus recourir à l'étranger, et n'ait pas la honte de devenir l'humble tributaire de l'Angleterre. Nos pêcheurs, attristés et abattus, se sont réveillés à cette bonne nouvelle, pleins de confiance dans ce haut personnage qui a toutes leurs sympathies et qui possède, à lui seul, toute l'expérience qui manquait aux autres.

Une fois les huîtres sorties des bancs, ou bien reçues par navires français ou étrangers, elles sont minutieusement triées par des femmes et filles exercées à ce genre de travail ; et puis, une fois passées à la main et séparées les unes des autres, (car il s'en trouve beaucoup attachées en paquet,) on les transporte en bateaux à l'endroit des viviers où elles se reposent, se rafraîchissent et grandissent peu à peu. Ces viviers sont établis sur le bord de la mer, à peu de distance, 1000 mètres environ, des bains de La Tremblade, d'où l'on contemple avec plaisir le va-et-vient des bateaux et des pêcheurs empressés à venir y déposer les huîtres qu'ils ont reçues et que leurs femmes ont triées. A basse mer, on pêche facilement ces huîtres, qui sont à peines recouvertes de quelques pouces d'eau et qui sont entièrement découvertes lors de la maline. Tant qu'elles séjournent dans les viviers, elles demeurent blanches ; elles ne deviennent définitivement vertes que lorsque les pêcheurs, au bout de 5 à 6 mois de séjour dans ce premier lieu, les jugeant assez fortes pour prendre une autre nourriture, les ramènent dans leurs bateaux sur les bords de la Seudre, où elles sont déposées dans les *claires* qui ont, seules, la propriété de les *verdir*.

Bien des essais ont été tentés ailleurs et sont demeurés infructueux. La nature toujours inimitable et qui prodigue ses dons comme elle le veut, a donné ce privilége exclusif au sol de nos rives.

C'est elle qui fait tous les frais de cette heureuse métamorphose. Vous sentez combien nos pêcheurs sont reconnaissants d'un tel bienfait, et combien est cher à leurs yeux ce terrain inappréciable qui renferme un véritable trésor. Il leur importe donc qu'un nouveau règlement vienne au plus tôt remplacer l'ancien, pour réparer l'épuisement des bancs qui ne suffisent plus pour l'alimentation des claires, seuls réservoirs où les huîtres se bonifient et acquièrent cette verdeur qui fait leur réputation et leur qualité.

Le moment des expéditions arrive ordinairement dans les premiers jours de septembre ; les hommes restent pour les envois, et les femmes et filles, au nombre de 12 à 1,500 environ, laissent courageusement le foyer domestique pour se répandre en groupe dans le Midi, où elles vont étaler leurs mannequins d'huîtres vertes, au coin de quelques portes d'hôtel, où elles attendent le chaland avec patience, pendant la longue campagne d'hiver, qui ne finit guère qu'à la fin du mois d'avril. Pendant ce long séjour, les envois se succèdent suivant la vente, qui marche souvent d'une manière irrégulière, et là, accroupies à leur place, qu'elles n'abandonnent pas, exposées au froid, à la pluie, au vent de la rue et à toutes les intempéries de l'air, ces femmes intrépides se consolent des ennuis de la campagne en pensant au retour où elles rapporteront avec elles, dans leur ménage, le bien-être qu'elles sont obligées d'aller chercher dans leur lointaine émigration. C'est une position exceptionnelle qui ne peut être comparée nulle part, elle leur est imposée forcément par le genre de produits qu'elles ont seules le talent de faire valoir, en sorte que ce commerce, pour lequel elles sont nées, devient une mine féconde entre leurs mains. Cette séparation, ces fatigues et ces sacrifices qu'elles savent s'imposer avec une fermeté d'âme peu commune, la nature les a voulues, sans doute, en compensation des avantages immenses dont elle a doté le pays.

Aussi, on doit comprendre que la femme ainsi éprouvée, ait une allure vive et un type remarquable ; on y rencontre ce caractère de finesse et de beauté qui ne saurait guère être défini. Les brunes dominent, elles sont bien faites et généralement jolies ; les blondes qui s'y trouvent, en petit nombre, ont une peau de satin, fraîche et rosée, et on est surpris de trouver dans leur port et dans leur physionomie quelque chose d'oriental qui fait rêver.

Que de types divers dans tous ces visages où l'on aperçoit néanmoins la même expression de force, où la vie et la beauté sont répandues presque d'une manière égale.

A leur retour, ces filles et ces femmes habituées au travail se livrent aux occupations de la moisson, portent au tasselier, courbées sous le faix, le sel récolté dans les marais salans, ou bien explorent, en tout sens, la côte, à de grandes distances, pour trouver, dans le produit de la pêche du coquillage, l'aliment et le prix de leur journée, et cela, par un soleil ardent, pieds nus, les jambes rougies par la mer, trempées d'eau et de sueur, couvertes, la plupart de misérables haillons qui disparaissent à l'instant, si c'est un jour de fête, et, surtout, si le ménétrier du lieu les convie, le soir, à la danse, en faisant résonner, au loin, les cordes sympathiques de son violon. Ce ne sont plus alors ces écaillères aux robes boueuses et traînantes, ce sont de véritables sylphides au pied léger, bondissant avec un entrain que je ne saurais décrire. Au lieu de ces haillons de la journée, s'arrondissent les crinolines où viennent s'ajuster les plus fraîches toilettes qui font ressortir des tailles qui, sans être de guêpes, ont de meilleures proportions, et, pour cela, n'en valent pas moins. La tête ornée simplement de leur belle et ondoyante chevelure entrelacée de simples fleurs des bois et des champs, elles s'élancent au premier signal, et défient à la danse les plus intrépides cavaliers. Le poète Boileau ne pensait certainement pas à La Tremblade lorsqu'il écrivait ces quatre beaux vers qui trouvent ici naturellement leur place :

« Telle qu'une bergère, aux plus beaux jours de fête,
« De superbes rubis ne chargent point sa tête ;
« Et, sans mêler à l'or, l'éclat des diamants,
« Cueille, en un pré voisin, ses plus beaux ornements »

Cette vigueur si remarquable chez les habitans de nos côtes, tient essentiellement à l'air vif et pur d'un climat imprégné des eaux salées de l'Océan. Point d'hiver rigoureux; la neige qui tombe rarement sur ce terrain sablonneux, disparaît presqu'aussitôt par l'effet de l'air plus chaud de la mer, qui, même au milieu des hivers les plus rudes, combat victorieusement les frimats. D'un autre côté, les chaleurs de l'été sont sensiblement adoucies par la fraîcheur de la brise qui, venant du large, se joue sur les flots, murmure sur la rive, agite doucement les grands arbres et les pins, se glisse, en folâtrant, à travers les gazons, les fleurs, les œillets, les immortelles, la santonique, et, chargée de ces diverses émanations parfumées et bienfaisantes, les répand dans tout le pays qu'elle embaume des plus douces senteurs.

Un peu plus bas, sur les bords de la Seudre, où sont établis les marais salans et les claires, au moment de la Saunaison, le sel qui se cristallise dans les aires, et qui est porté sur les bosses, répand une odeur prononcée de violettes qui réjouit l'odorat et verse, dans les poumons malades qui se dilatent, je ne sais quelle force inaccoutumée.

Dès les temps les plus reculés, les salines de la Saintonge produisaient les meilleurs sels de l'Europe ; sous les règnes de Dag-Berth et de Kar-le-Grand, on recueillait du sel à Marennes et dans les lieux circonvoisins, et les hommes d'armes du moyen-âge le comprenaient parmi les principaux produits de leur banlieue. S'il faut en croire le sieur de Fiefinelin, auteur d'un poëme sur l'art du Saunier, imprimé à Poitiers en 1601, l'origine des salines de la Seudre remonterait jusqu'à Jules César. Les quatre vers suivans tirés de ce poëme, paraissent l'indiquer :

« Et si le pélerin, de qui je tiens ceci,
» M'a dit vrai, des Romains sont nos marais aussi ;
» César, vers nous, venu du fond de l'Italie,
» Apporta l'art premier de notre saulnerie.

Ici les sites les plus variés s'offrent de toutes parts, soit que vous approchiez de la mer à l'endroit de nos bains, vous trouvez une plage immense où l'Océan vient se reposer sur un lit sablonneux et uni, qui, tantôt couvert légèrement par ses eaux, et tantôt réchauffé par le soleil, se trouve admirablement exposé pour les femmes, les enfants et les vieillards, qui peuvent sans crainte, dès les premiers jours de juin, jouir de la précocité et de la sûreté de nos bains. L'an dernier, on commençait à s'y baigner dès le mois de mai. Soit que vous vous éloigniez du rivage pour courir sur les marais, et que vous vous enfonciez dans l'épaisseur des bois, ou que vous vous élanciez à travers champs et vignes, vous rencontrez partout une végétation vigoureuse, dans les bas fonds, comme sur les hauteurs, en sorte que le voyageur est surpris de voir tant de beautés et tant de richesses réunies sur ce petit coin de terre privilégié.

Les habitations sont propres et élégantes, il s'y rencontre même un luxe qui n'est pas ordinaire dans les campagnes.

On doit comprendre qu'avec l'aisance répandue généralement dans presque toutes les classes, et l'air salin qu'on y respire, il n'existe pas ce qu'on appelle de maladies périodiques connues. Quelques rhumatismes et quelques fluxions de poitrine, voici à peu près les seuls cas accidentels qui s'y rencontrent.

Outre l'importance du commerce des huîtres qui est en première ligne, puisque, tous les ans, il répand dans le canton de La Tremblade une somme de 3 à 4 millions, il existe une verrerie de bouteilles, qui occupe une centaine de bras, et dont la fabrication du verre est justement renommée.

Le commerce des bois de pin et de la résinerie de la forêt d'Arvert, où se trouvent établies deux scieries à vapeur, vient déverser ses produits sur les quais de la Tremblade, qui les transporte par barques, soit à Rochefort, soit à La Rochelle, ou bien à Enandes, qui emploie principalement les bois devant servir à ses bouchaux dans l'endroit où existent les pêcheries de ses excellentes moules, dites de Charron.

Mais l'industrie qui a pris de grandes proportions et qui tend toujours à s'étendre, c'est celle de la vinaigrerie. Il existe à la Tremblade plusieurs établissements de ce genre, montés sur le modèle de ceux d'Orléans. La position des lieux et la qualité des vins ont fait apprécier les vinaigres de la Tremblade, non-seulement dans le nord et le midi de la France, mais en Angleterre, en Suède, en Allemagne, en Norwége, en Danemarck, et jusqu'en Russie ; également à la Guadeloupe, à la Martinique, où, chaque mois, on fait des expéditions ; à Buénosayre, au fond de l'Inde, et même jusqu'aux contrées les plus éloignées du globe. La réputation des vinaigres de la Tremblade est faite aujourd'hui ; et pour mieux vous faire comprendre combien cette industrie peut prendre de développement, je vais vous donner l'extrait d'une lettre d'un de nos vinaigriers, à la date du 19 septembre 1861, en réponse à quelques documens demandés par le rapporteur désigné dans la commission chargée de classer et de déguster les vinaigres à l'exposition universelle de Londres, qui va s'ouvrir le mois prochain. Je prends cette lettre à l'endroit qui donne les explications suffisantes à M. le rapporteur, qui demandait à s'éclairer sur la qualité de nos vins, sur la position de l'établissement et sur les autres particularités qui pouvaient faire distinguer nos vinaigres. J'écris ce paragraphe qu'on a eu l'obligeance de me communiquer textuellement :

« Soit la qualité des vins de la Tremblade que nous employons à notre fabrication, soit aussi l'exposition et l'appropriation des lieux qui se prêtent merveilleusement à l'acidification des vins, le fait est que nos vinaigres obtenus dans ces conditions, atteignent un degré de force supérieure que les usines qui nous environnent ne peuvent avoir.

» Il est certain, et ce qui paraîtra peut-être erroné aux yeux » de certaines gens, c'est qu'il y a un choix à faire pour les vins » employés à la fabrication des vinaigres; les vins les plus ca- » piteux et les plus propres à la distillation des eaux-de-vie et » qui sembleraient, à première vue, paraître les meilleurs » transformés en vinaigre, ne donnent pas des résultats ana- » logues, et sont loin de tenir ce qu'ils sembleraient devoir » promettre. La pratique et les essais tentés dans diverses » circonstances, ont prouvé qu'il fallait un autre choix pour » obtenir le rendement et le degré de force qu'on désire avoir » pour la fabrication bien entendue des vinaigres de notre » localité.

» Ainsi, l'expérience qui s'acquiert lentement, mais qui » devient plus tard une règle infaillible, nous a démontré que » les vins les plus convenables sont ceux qu'on récolte auprès » de la mer, sur les coteaux de la Tremblade, d'Arvert, d'E- » taules et des Mathes. Un peu plus loin, la différence se fait » sentir entre Royan et Saujon, comme si la nature variée à » l'infini et qui, dans ses produits divers, sait répartir à cha- » que contrée les choses qui lui conviennent le mieux, avait » voulu que sur les rivages fécondés par les meilleurs coquil- » lages qui existent, les vins, qu'on y recueille, soient les plus » propres à la transformation des vinaigres, pour rendre plus » faciles la digestion et l'absorption de ces mêmes coquillages.

» Après Saujon et Royan, apparaît un autre sol. Tout se » transforme en eaux-de-vie, d'abord dites des *Bois*, jusqu'à » Pons et à Cognac, où l'on fabrique les eaux-de-vie par » excellence, dites de *Champagne*, les plus fines et les plus » renommées du globe.

» Il existe, comme vous le voyez, en Saintonge, deux zônes » bien marquées, l'une propre à la fabrication des vinaigres » et l'autre à celle des eaux-de-vie.

» En face de Royan et de Saint-Georges de Didonne, où

» sont établis des bains, s'étend au loin cette terre de Médoc » si connue par ses vins d'ordinaire et de dessert. Un simple » fleuve sépare la Saintonge du Bordelais, la Gironde, qui se » plaît, dans son cours, à caresser l'une et l'autre rive, qui » étalent sur ses bords, la première, ses raisins dorés, tandis » que la seconde laisse pendre en échalas ses raisins couleur » de pourpre.

» Rives fortunées que le ciel a bénies et qui jouissent sans » rivalité de leurs avantages distincts, puisque l'une se re- » commande par la bonté de *ses eaux-de-vie* et de *ses vinai-* » *gres*, et l'autre par l'excellence de *ses vins de table !*

Grâce à l'administration municipale, au zèle infatigable de M. le Maire de la cité et au concours des actionnaires du Châlet de Ronce les Bains, la saison nouvelle qui se prépare d'une manière si heureuse donnera, nous en avons l'espoir, une nouvelle consécration de faveur à l'établissement de nos bains. Dans la ville, on dispose des appartemens convenables pour recevoir les hôtes attendus, et qui ont promis de nous revoir. Sur la plage, on donne plus de développement au Châlet, et plusieurs constructions nouvelles vont s'élever prochainement à ses côtés.

Les passes de Maumusson qui étaient signalées par des balises, vont devenir plus sûres au moyen de bouées. L'administration des ponts et chaussées, avertie depuis plusieurs années du mode défectueux des balises, est sur le point de se rendre aux vœux des pilotes, des maîtres de port et des marins qui ont la pratique de cette côte changeante. Elle se dispose à se mettre à l'œuvre et à conjurer le moindre danger que pourrait courir la navigation, dans l'état actuel des choses.

Sur les bords de l'Océan, les dunes qui voyageaient autrefois et couraient fouettées par les vents, sont devenues stables, grâce aux jeunes pins qui, semés et naissant à peine, il y a quelques années, ont arrêté la marche envahissante des sables.

Sur le registre ouvert à tout voyageur qui venait visiter nos côtes et montait à la tour de pierre de la Coubre, afin que du haut de cette tour, en face de l'Océan et de cette mer de sable, il puisse y rendre ses impressions, on lit à la date du 26 août 1856, ces quatre vers, écrits lors de l'ensemencement des dunes voisines, pleins d'espérance dans la réussite de cette faible barrière qui a fini par vaincre, en s'élevant peu à peu, l'ennemi volage et puissant qu'il osait combattre :

« Sable roulant des mers, montagnes vagabondes,
» Qui portez, en courant, le désastre et le deuil,
» Arrêtez votre essor ! les racines profondes,
» Des pins que vous couvrez dompteront votre orgueil.

Les pins debout triomphent, tandis que la pauvre tour de pierre, où se trouvaient écrits ces vers, n'est plus. C'est l'histoire de la fable du bon vieux Lafontaine, lorsqu'il parle du chêne et du roseau. Cette tour qui paraissait inébranlable, envahie de toutes parts par les sables, a succombé sous les coups répétés de leurs assauts qu'elle semblait braver, et vient d'être remplacée par une tour de bois à jour, véritable chef d'œuvre d'art, qui, par cela même qu'elle n'offre pas une masse aussi compacte, en est plus solide et peut défier aujourd'hui les sables et la tempête. Au-dessus, elle se couronne, pendant la nuit, de feux brillants et protecteurs qui éclairent au loin le navigateur et l'avertissent du danger. Il y a deux ans, le même auteur écrivait dans cette nouvelle tour et sur le même registre de la tour de pierre, en admirant cette nouvelle merveille de construction si bien appropriée aux lieux, cet autre quatrain significatif :

« Beau Phare, ange gardien, étoile bienfaisante,
» Qui dirige l'esquif, luttant contre les flots !
» Debout, près des écueils, tu braves la tourmente,
» Et ta clarté conduit au port les matelots.

Maintenant le voyageur est rassuré de toutes parts, soit que nautonnier tremblant, il prenne la mer, il peut compter sur l'empressement plein de sollicitude de l'administration des ponts et chaussées, qui a compris que le temps était venu de remplacer au plus tôt les balises par un système plus sûr de bouées ; soit que prenant une route plus ferme, il s'aventure au milieu des sables ; l'un est sûr d'être guidé et éclairé en tout temps, et l'autre n'a pas crainte que le sol qui s'agitait autrefois ne *tremble* sous ses pieds. C'est probablement du sol mobile où elle reposait anciennement et qui s'est affermi depuis, qu'on a donné le nom qu'elle porte à *la Tremblade.*

Malgré la pénurie de cette année et le malaise général, il semble que le petit pays de la Tremblade ne se soit pas aperçu du mal qui a atteint les plus grandes cités et s'est répandu non seulement dans les transactions commerciales, mais encore dans toutes les classes de la société, riches ou pauvres. Jamais le commerce des huîtres n'avait donné d'aussi beaux résultats, aussi nos écaillères qui ne sont ni Rochelaises ni Marennaises, comme on les désignait sous ce nom depuis longtemps, mais bien exclusivement *Trembladaises*, arrivent-elles tous les jours gaies comme pinsons.

D'après ce que disent les pêcheurs et les hommes qui s'y connaissent, jamais les huîtres n'avaient pris autant de développement, ainsi que les coquillages qui abondent et qui ont un goût parfait. Il en est de même de nos poissons qui, cette année, sont plus nombreux et sont recherchés avec empressement à cause de la délicatesse de leur chair. Décidément la Providence est venue nous visiter, au moment où l'on ne parle partout que de détresse et de souffrance. Elle nous force une fois de plus à la bénir.

La Tremblade est donc en voie de prospérité, elle a traversé les temps critiques qui se passent, sans presque s'en apercevoir. La propriété, loin de perdre de sa valeur, augmente toujours. Son prix est bien supérieur à celui des propriétés de

Royan et de Marennes. Son importance appelait un télégraphe qui fonctionne depuis un an, d'abord de la ville à l'intérieur et ensuite jusque sur les bords de l'Océan, afin de transmettre au loin les dépêches du commerce, et de signaler les navires qui sillonnent sur ses côtes et de faire connaître aussitôt les dangers qu'ils pourraient courir.

Une Mairie nouvelle a remplacé l'ancienne; on va construire des halles avec une jolie place qui doit donner un aspect agréable et de l'air aux maisons voisines du canton. Les anciens pavés vont faire place au macadam ; et les rues redressées vont être éclairées à l'instar des villes qui nous environnent.

La proximité des bains de Royan, de St-Georges de Didonne, qui ne sont qu'à 22 kilomètres de ceux de la Tremblade, et qui se joignent par une route facile, qu'on fait ordinairement dans moins de deux heures, engageront probablement plusieurs familles à venir nous visiter ; car, à la saison des bains, on aime assez les distractions et la variété, et, quand on peut trouver dans un rayon restreint, trois ou quatre plages où l'on puisse aller se baigner sans qu'il en coûte pour ainsi dire un déplacement, alors on se décide, et, après avoir sondé le terrain, on prend une détermination qui fixe, suivant leurs goûts, les uns et les autres à Royan, à St-Georges de Didonne, ou bien à la Tremblade. Il est bien facile de comprendre que le choix du domicile élu, n'empêche pas qu'on aille faire quelques excursions, tantôt à droite, tantôt à gauche, car, s'il se trouve quelques malades parmi les baigneurs, la plupart se portent bien, et seulement fatigués de l'étiquette des villes, ils ont hâte de les laisser, en arrivant, pour aller, venir, et respirer l'air de la mer à pleins poumons.

Sous ce rapport, les bains de la Tremblade ont un grand avantage sur bien d'autres, par leur position qui se trouve en face de la vaste mer qui n'a de limites que les plages éloignées de l'Amérique. A la place des semis de pins qui commençaient à pousser auprès du Châlet et de la ville d'Auchôme, dont les ruines apparaissent depuis quelque temps, une charmante plantation de vignes (100 hect.) est entreprise depuis six mois, par les soins intelligents de deux hommes pleins d'entrain, Messieurs Péraudeau et Diers-Monplaisir. Au milieu de ce travail et des fouilles qui ont été pratiquées aux ruines, on a découvert des choses fort curieuses, entr'autres un énorme tronçon d'os de baleine et une muraille de 34 mètres de longueur sur un mètre d'épaisseur ; on suppose avec assez de vraisemblance que ce sont les restes d'une chapelle. Chaque jour les fouilles révèlent quelques débris qui ne sont pas sans intérêt pour l'œil avide de l'observateur, et, sur ces ruines oubliées, qui dormaient silencieusement sous leur tombeau de sable, la foule des baigneurs s'anime et prend ses ébats. Les pins qui ont fait place à la vigne, seront aussi remplacés par le vernis du Japon, l'olivier qui y trouve un terrain convenable, par un essaim de fleurs de toute espèce et par une multitude d'arbustes étrangers, étonnés de se trouver réunis et de projeter leurs frais ombrages sur cette pauvre ville mise à jour et rendue pour ainsi dire à la vie.

La réussite de ces diverses plantations n'est guère douteuse, des essais ont été faits et ont réussi : Dès l'an dernier, un olivier avait donné des fruits qui ne le cédaient en rien, pour la bonté, à ceux du midi de la France.

Le peu de documens que j'avais pu recueillir sur la ville d'Anchoine, sur celle de la Tremblade et sur l'île d'Oleron qui nous avoisine, ne me paraissant pas de nature à me satisfaire, je priai un jeune homme de mes amis, plein d'érudition, de vouloir bien faire sur ce sujet quelques recherches qu'il a bien voulu me transmettre par la lettre que voici :

La Tremblade, le 15 juillet 1862.

Monsieur,

Puisque vous avez bien voulu me faire part de votre travail sur La Tremblade, et me demander, à ce sujet, quelques renseignements, je me fais un véritable plaisir de vous adresser aujourd'hui le modeste produit de mes recherches, ou, ce qui pourrait être plus vrai, de mes conjectures.

Nos archives sont bien pauvres en documents historiques ; il ne nous reste plus guère autre chose que des registres paroissiaux, lesquels remontent à l'an 1670. C'est, je crois, la date la plus certaine à laquelle nous puissions nous fixer. Cependant il ne faut pas être hardi en hypothèses pour dire que, certainement, La Tremblade existait avant cette époque. Voici les fondements de mon assertion :

Comme le rapporte la tradition, je crois à l'existence d'une ville anciennement bâtie sur les bords de la mer et qui aurait péri sous les sables. Je crois aussi que cette ville était à peu près sur les ruines récemment découvertes près de Ronce-les-Bains. Presque toujours, en effet, les villes maritimes s'établissaient près de la mer, à l'embouchure d'un fleuve. Pourquoi Anchoine n'aurait-elle pas été établie à l'embouchure de la Seudre ; j'ai une preuve de l'existence très ancienne de cette rivière, dans l'étymologie du nom d'Oleron. Ce mot vient du Celte *Olero* ou *Eloro* qui se décompose ainsi : *el*, *il*, ville, *lav* confluent, et *ro* rivière. Or, le confluent dont il est ici question ne peut être autre que la rencontre des courants de la Seudre et de la Charente : l'hypothèse est donc acceptable. L'existence de cette ville et son ensevelissement sous les sables une fois admis, il faut accepter la Tremblade comme son héritière. Cette supposition a pour moi quelque chose d'attrayant, je m'y suis attaché et c'est en partant de ce point que j'ai cherché à conjecturer la fondation ou, tout au moins, un accroissement considérable de la Tremblade. Je ne me dissimule pas, toutefois, que je marche sur un terrain peu solide ; je l'ai senti faiblir souvent ; j'avancerai quand même.

Avant d'en venir à ce qui fait le fond de la question, une observation : Anchoine était-elle ou non une ville importante ?

Ce n'est pas facile à résoudre. Si l'on admet une disparition assez proche de nous, au XVe ou au XVIe siècle, par exemple, il est propable alors qu'Anchoine n'était qu'un bourg assez peu considérable. Quelle apparence, en effet, qu'une grande ville n'aurait laissé de trace dans l'histoire, qu'une tradition plus ou moins vague ? Si l'on soutient un envahissement des sables de beaucoup plus ancien, alors l'opinion qui fait d'Anchoine un centre populeux prend un peu plus de consistance. Je préfère voir dans Anchoine un bourg assez considérable, si l'on veut, mais qui n'avait qu'une influence tout à fait locale, dont il n'est pas étonnant que le souvenir ait péri. Je reviens maintenant à ma principale hypothèse et je dis que tout se réduit à conjecturer l'époque de l'envahissement d'Anchoine.

Les dunes sont formées de sédiments ou débris de roches granitiques que la mer charrie en abondance sur le rivage et qui, à la longue, parvenues à une certaine hauteur, s'avancent vers les terres en une progression presque régulière. De savantes recherches ont constaté que la marche des dunes était très lente et qu'elle pouvait être évaluée à une moyenne de 24 mètre par année. Mais cette mesure ne s'applique qu'aux dunes parvenues à une certaine hauteur. Or, à partir du bord de la mer, pour couvrir le terrain qu'elles ont envahi, quel temps ont pu mettre les dunes ? Elles couvrent un espace moyen de près d'une lieue de large ; ce serait donc, à prendre les choses telles quelles, deux siècles environ que l'envahissement aurait mis à s'accomplir et ceci nous reporterait vers la fin du XVIe siècle à peu près. Cette époque, toutefois, ne peut être la vraie, si l'on songe que cette marche des dunes n'a pas été régulière ainsi, dans son principe. La mer n'a pas vomi ce sable sur tous les points à la fois, très probablement. Ces rejets de la mer ont dû former d'abord des bancs de sable dans le sens des courants divers, puis se répandre de là, par leur accroissement même, sur les points les plus rapprochés du littoral. Mis à sec, c'est alors que l'envahissement des sables est devenu plus rapide sous l'action plus grande des vents ; c'est alors aussi qu'ils se sont élevés et ont gagné tout le terrain dont je viens de parler. Serait-ce donc s'écarter beaucoup de la vérité en plaçant vers le XIIIe siècle au plus tard, le commencement de cette formation des bancs. Quand le littoral commença à se couvrir, sans doute commença l'émigration. Je ne crois pas, en effet, qu'elle se soit effectuée en masse ; bien plutôt doit-on dire que, successivement, à mesure que les sables envahissaient leurs demeures et leurs terres, peut-être après de longues luttes, les habitants allaient chercher ailleurs un abri contre l'ennemi. Les marins se fixèrent sur les bords de la Seudre ; les autres, surtout dans l'intérieur des terres.

Ainsi, en tenant compte de tous les retards, de toutes les luttes, on pourrait dire que la désertion complète d'Anchoine et son ensévelissement furent achevés vers la fin du XVe siècle ou au commencement du XVIe. Je ne crois pas m'écarter beaucoup de la vérité, toujours en admettant la Tremblade comme formée des débris d'Anchoine, en fixant au XVe siècle, vers le milieu, les premiers établissements sur nos terres.

Voilà le résultat de mes recherches et de mes conjectures : ce n'est pas long ; plût au ciel que ce fût certain. Je n'ose m'en flatter ; aussi ne prétends-je pas, le moins du monde, influencer en quelque manière les opinions que vous pourriez avoir formées à ce sujet. Sur le champ des opinions, tout le monde est libre ; et je dois même dire, quelque argument que vous en puissiez tirer contre moi, je dois dire que souvent la vérité n'est pas du côté de la plus grande vraisemblance.

Quoi qu'il en soit, je vous offre de bon cœur ce granit brut; j'aurais désiré le polir et le rendre plus propre à la construction ; le temps ne me le permet pas. Acceptez-le tel qu'il est, et s'il peut vous être de quelque utilité, je désire que vous preniez autant de plaisir à le polir, que j'en ai pris à le tirer de la carrière.

Votre tout dévoué, F.

CHAPITRE III.

Un mot sur Saint-Trojan. — Pensée du poète Ausone sur La Tremblade, l'Ile d'Oleron et nos côtes. — Lettres de Fénélon, datées de La Tremblade.

En face de nos bains, comme je l'ai déjà dit, se trouve St-Trojan qui, autrefois, uni au continent, en a été violemment séparé par l'impétuosité des vents et les secousses de la mer. Au moyen de légères embarcations construites exprès, il sera facile de franchir, dans moins d'une demi-heure, l'espace étroit qui existe entre les deux rives qui vont se donner la main, comme deux sœurs, et se rapprocher, dans des jours de fêtes, après avoir été séparées dans des jours de colère et de tempête. Alors, les baigneurs attirés par la nouveauté des lieux, pressés de contempler des rivages inconnus, pour la plupart d'entr'eux, s'élanceront sur les flots, qu'ils traverseront sans fatigue et sans danger, pour jouir de cette douce et bien naturelle émotion que tout homme ressent, lorsque, pour la première fois, il met le pied sur une terre que la mer enlace de toutes parts, tous fiers alors de leur traversée, ils pourront dire, à leur retour : Nous aussi, nous avons visité une Ile de l'Océan.

Le poëte Ausone qui avait fixé aux Nouillers, sur la Boutonne en Saintonge, sa villa de prédilection, se plaisait à visiter nos côtes et à vanter l'excellence de nos huîtres. Aussi, les huîtres qui se pêchaient sur les rives de l'Océan allaient, du rivage des Santons couvrir la table des Césars (1). Les blés, (2) les vins (3) de ces contrées, les lièvres (4) de l'île d'Oleron étaient estimés des Romains qui, dans leurs banquets, ne dédaignaient pas non plus l'arome du fenouil-marin, où cristemarine, (5) ni, dans leurs infirmités, la vertu curative de l'absynthe santonique, que le territoire des Santons leur fournissait abondamment. La pêche (6) était aussi, pour les officiers de l'Empereur, une source de grandes jouissances, et l'on doit juger de son importance, s'il est vrai, comme le rapporte un ancien, que, sous Tibère, l'Océan jeta, d'un seul flot, sur le rivage des Santons, plus de trois cents baleines d'une étonnante grosseur (7). (*Voir Ausone, épist. IX. Paulo.*)

Fénélon, à son tour, après les révolutions qui avaient bouleversé notre continent, est venu, lui aussi, sur notre plage, pour tâcher de conjurer, par sa douceur, une autre révolution que les idées de Luther et de Calvin avaient jetée dans les esprits et dans les âmes. Le bras séculier, en frappant, n'avait fait que propager l'hérésie, car, le prosélytisme naît toujours du sein de la persécution.

La Saintonge, néanmoins, fut une des dernières provinces de France qui embrassa la réforme. Il s'en fallait bien que, sur les rives de la Seine, de la Loire et de la Saintonge, la réforme ne fût, comme sur les bords de l'Elbe et du Danube, qu'une révolution purement religieuse. Aux questions de dogme et de liturgie qui se débattaient entre les docteurs, se mêlaient, en France, des questions bien autrement irritantes, d'affranchissement politique et de progrès social.

(1) Ausone. Epist. XI. Paulo.
(2) Sidou Appolin. Lib. VIII. Epist. VI. ad. nammat.
(3) Vide Galen. De simpl. Medic. Lib. VIII.
(4) Plin. Lib. XXVII. cap. 7. — Santonica virga.
(5) Martial. Lib. IX. Epig. 96.
(6) Plin. Lib. IX. cap. 5.
(7) Soreton. Tranquill. In Tiberio Cœsare.

Jalouse de l'influence et de la fortune du haut clergé, un grand nombre de gentilshommes embrassèrent le nouveau symbole religieux, non parce qu'il leur semblait plus conforme que l'ancien aux lumières de la raison et aux inspirations de la conscience, mais parce qu'il s'annonçait comme un puissant dissolvant de cette vieille unité féodale qui, même aux yeux du baronnage, n'était plus qu'une alliance oppressive entre le sacerdoce et la royauté.

Au midi de la Charente, dans ces fertiles plaines de la haute Saintonge, où la vie est si molle et le climat si doux, le nouveau symbole religieux trouva d'abord peu de sympathie parmi des hommes que leurs mœurs agricoles et pastorales, leurs idées stationnaires et traditionnelles attachaient fortement aux croyances de leurs aïeux. Mais au nord du fleuve, dans les îles et les ports de l'Atlantique, sur les falaises battues par les ouragans, là où l'âme est forte, l'humeur aventureuse, où les têtes sont vives et les idées progressives, la réforme religieuse fut promptement accueillie par un peuple navigateur, que ses habitudes maritimes et commerciales mettaient journellement en contact avec les schismatiques du nord. (*Voir Massiou, de Saintonge.*)

Ce fut donc en Aunis, et sur tout le littoral de l'Océan que les Apôtres du nouveau dogme firent leurs premiers prosélytes et que le pouvoir orthodexe dut frapper ses premiers coups.

Fénélon, chargé par Louis XIV des missions du Poitou et de la Saintonge, voulut être libre dans le choix de ses coopérateurs. C'étaient des ecclésiastiques déjà connus par leurs talens et leurs vertus, que leur mérite éleva dans la suite aux premières dignités de l'église, ou à des places de confiance, et qui ont laissé un long souvenir dans la mémoire de tous les gens de bien. C'étaient l'abbé de Langeron, le plus cher, le plus fidèle des amis de Fénélon ; le célèbre abbé Fleury, dont il suffit de prononcer le nom ; l'abbé Bertier, depuis évêque de

Blois ; l'abbé Milon, alors aumônier du Roi, et depuis évêque de Coudom.

Il voulut aussi qu'on éloignât tout appareil militaire de tous les lieux où il était appelé à prêcher l'évangile et à exercer son ministère de paix et de charité. Louis XIV n'hésita pas un moment de déférer à une demande aussi sage, et le bon Fénélon fut heureux de ne se servir que des armes de la douceur et de la persuasion.

Je crois ne pas déplaire aux lecteurs en leur faisant passer sous les yeux les trois lettres qu'il a écrites de La Tremblade, dont les manuscrits ont été conservés.

Lettre de Fénélon au marquis de Seignelay, 7 février 1686. (Manuscrits).

A la Tremblade, le 7 février 1686.

« Monsieur,

» Je crois devoir me hâter de vous rendre compte de la
» mauvaise disposition où j'ai trouvé les peuples en ce lieu.
» Les lettres qu'on leur écrit de Hollande leur assurent qu'on
» les y attend pour leur donner des établissements avantageux
» et qu'ils seront au moins sept ans en ce pays-là sans payer
» aucun impôt. En même temps, quelques petits droits nou-
» veaux, qu'on a établis coup sur coup dans cette côte, les
» ont fort aigris. La plupart disent assez hautement qu'ils s'en
» iront dès que le temps sera plus assuré pour la navigation...
» Il me paroît que l'autorité du Roi ne doit se relâcher en
» rien ; car notre arrivée en ce pays, jointe aux bruits de
» guerre qui viennent sans cesse de Hollande, fait croire à ces
» peuples qu'on les craint. Ils sont persuadés qu'on verra
» bientôt quelque grande révolution, et que le grand arme-
» ment des Hollandois est destiné à venir les délivrer. Mais
» en même temps que l'autorité doit être inflexible pour
» retenir ces esprits, que la moindre mollesse rend insolents,
» je croirois, Monsieur, qu'il seroit important de leur faire

» trouver en France quelque douceur de vie, qui leur ôtât la » fantaisie d'en sortir... Pendant que nous employons la » charité et la douceur des instructions, il est important, si je » ne me trompe, que les gens qui ont l'autorité la soutiennent, » pour faire mieux sentir aux peuples le bonheur qu'ils ont » d'être instruits doucement.... Il reste encore à ceux mêmes » des nouveaux convertis qui se montrent les plus assidus et » les plus dociles, des peines sur la religion. La longue habi- » tude de suivre de faux préjugés revient toujours. Mais » d'ailleurs ils avouent presque tous que nous leur avons » montré avec une pleine évidence qu'il faut, selon l'Écriture, » se soumettre à l'Église et qu'ils n'ont aucune objection à » faire contre la doctrine de l'Église catholique, que nous » n'ayons détruite très-clairement. Quand nous sommes partis » de Marennes, nous avons reconnu de plus en plus qu'ils » sont plus touchés qu'ils n'osent le témoigner ; car alors ils » n'ont pu s'empêcher de montrer beaucoup d'affliction. Cela » a été si fort, que je n'ai pu refuser de leur laisser une partie » de mes coopérateurs, et de leur promettre que nous retour- » nerions tous chez eux. Pourvu que ces bons commencements » soient soutenus *par des prédicateurs doux, et qui joignent au* » *talent d'instruire celui de s'attirer la confiance des peuples, ils* » *seront bientôt véritablement catholiques.* »

A La Tremblade, le 8 Mars 1686.

« Monsieur,

» L'arrivée de M. Forant a donné de la joie aux habitants » de La Tremblade, et j'espère qu'il servira beaucoup à les » retenir, *pourvu qu'il n'exerce point ici une autorité rigoureuse,* » *qui le rendroit bientôt odieux.* Sa naissance, sa parenté avec » plusieurs d'entr'eux, et la religion qui lui a été commune » avec tous ces gens-là, le feroient haïr plus qu'un autre, s'il

» vouloit user de hauteur et de sévérité pour les réduire à leur
» devoir... Je n'ai pas manqué, Monsieur, de lire publiquement
» ici et à Marennes ce que vous m'avez fait l'honneur de
» m'écrire des bontés que le Roi aura pour les habitants de ce
» pays, s'ils s'en rendent dignes, et du zèle charitable avec
» lequel vous cherchez les moyens de les soulager. Les blés
» que vous leur avez fait venir à fort bon marché, leur
» montrent que c'est une charité effective, et je ne doute point
» que la continuation de ces sortes de grâces ne retienne la
» plupart des gens de cette côte. C'est là controverse la plus
» persuasive pour eux. La nôtre les étonne : car on leur fait
» voir clairement le contraire de ce que les ministres leur
» avoient toujours enseigné comme incontestable et avoué
» des catholiques mêmes. Nous nous servons utilement ici du
» ministre qui y avoit l'entière confiance des peuples, et qui
» s'est converti..... Je ne doute pas qu'on ne voie à Pâques un
» très-grand nombre de communiants, *peut-être même trop*.
» Ces fondements posés, c'est aux ouvriers fixes à élever l'édi-
» fice, et à cultiver cette disposition des esprits. »

Lettre de Fénélon à Bossuet.

A la Tremblade, ce 8 mars 1686.

« Quoique je n'aie rien de nouveau à vous dire, Monsei-
» gneur, je ne puis m'abstenir de l'honneur de vous écrire ;
» c'est ma consolation en ce pays : il faut me permettre de la
» prendre. Nos convertis vont un peu mieux; mais le progrès
» est bien lent : ce n'est pas une petite affaire de changer les
» sentiments de tout un peuple. Quelle difficulté devoient
» trouver les apôtres pour changer la face de l'univers, pour
» renverser le sens humain, vaincre toutes les passions et
» établir une doctrine jusqu'alors inouïe, puisque nous ne
» saurions persuader des ignorants par des passages clairs et

» formels qu'ils lisent tous les jours, en faveur de la religion » de leurs ancêtres, et que l'autorité même du Roi remue » toutes les passions pour nous rendre la persuasion plus » facile ! mais si cette expérience montre combien l'effica- » cité des discours des apôtres était un grand miracle, la » faiblesse des huguenots ne fait pas moins voir combien la » force des martyrs étoit divine. »

On trouve à la Tremblade, au milieu de la société, qui pourrait être divisée par ses nuances religieuses, une heureuse harmonie entre tous ses membres. Il existe, parmi ses habitants, les meilleurs rapports ; on rencontre généralement, dans le commerce de la vie, ces marques de respect et de bienséance de bonne compagnie qui attirent les uns et les autres, comme s'ils étaient membres d'une même famille. Dans un pareil centre, l'étranger est sûr d'être le bien-venu et d'être accueilli avec les marques sympathiques de l'hospitalité. Depuis l'apparition de Fénélon sur nos bords, il semble que nos mœurs se soient empreintes de la douceur de son âme et de ses leçons, et que les anciennes dissensions oubliées, se soient entièrement apaisées, à la voix éloquente et persuasive de cet apôtre de la vérité.

CONCLUSION.

Les ruines d'Anchoine dormaient encore inconnues sous le sable, lorsqu'en 1860, je faisais un appel, dans mes vers, aux archéologues pour mettre à jour ses murs et ses débris. La tempête qui est sourde ordinairement à la voix de l'homme a bien voulu, dans une nuit, se charger de ce travail. Ainsi plus de doute aujourd'hui, la place est déblayée, et tout baigneur qui vient sur nos côtes, peut s'asseoir et méditer sur ces ruines découvertes.

Je ne parlerai pas de la pureté de nos eaux et de la sécurité de la plage depuis que l'illustre docteur, M. Brochard, a publié un rapport sur les bains de la Tremblade. Je me tais et je m'incline devant la science de l'auteur pour lequel j'éprouve les plus vives sympathies. Je suis heureux, moi rochefortin, de me trouver d'accord avec M. Brochard qui est rochelais. Il faut donc que les bains naissants de la Tremblade aient une force d'attraction peu commune, pour que deux hommes, sans idées préconçues, qui ne se sont jamais parlé, jamais vus et qui sont étrangers au pays, se rencontrent ainsi sur le même terrain et fassent l'éloge d'un rivage solitaire, où la mode n'a pas encore paru.

Nota. — Depuis, j'ai eu le plaisir de voir M. Brochard qui m'a serré la main sur la côte de la Tremblade et m'a reconnu comme un de ses anciens condisciples de St.-Jean-d'Angély, après une absence de 37 ans.

INAUGURATION

DES

BAINS DE LA TREMBLADE.

LE 22 JUILLET 1860.

Venez, baigneurs, venez visiter notre plage,
La brise du matin murmure doucement,
La mer est sans écueil, le Ciel est sans orage,
Accourez, il fait chaud, la fraîcheur vous attend.

Sous les feux du soleil que juillet nous envoie,
Quand tout sèche, languit et cherche le repos,
Voyez comme, en mourant, la vague se déploie,
Pour vous dire, en passant, jetez-vous dans les flots.

La voix de Maumusson (1), ce monstre formidable,
Qui fait trembler la mer de ses longs aboiements,
A cessé de mugir dans son gouffre effroyable,
Quand l'hiver a fait place aux douceurs du printemps.

---

(1) La tradition rapporte que sur la côte de Maumusson existait anciennement une petite ville, appelée Anchoine qui est ensevelie sous les sables, et l'on assure qu'à la fin du siècle dernier fut mise à découvert, dans le même lieu, une chapelle souterraine où l'on trouva des vitraux vivement colorés et d'une ligne d'épaisseur.

Emigrants qui voguez vers la Californie,
Pour trouver ce métal, objet de tous vos vœux,
Arrêtez-vous ici, la rive vous convie,
Voici le Galon d'Or (1) qui s'étend à vos yeux.

Qui pourrait calculer le nombre de richesses
Que la mer, en courroux, a roulé dans son sein ?
Peut-être en la sondant, aurez-vous ses largesses ?
Ce qu'il a pris, le flot peut le rendre demain.

Vous qui d'Herculanum vénérez la poussière ;
Et, la pioche à la main, cherchez quelque débris ;
Anchoine est à vos pieds : rendez à la lumière,
Ses maisons et ses murs par le sable envahis.

Touristes qui rêvez un site, une colline,
Qui voulez des tableaux, pour le plaisir des yeux,
Montez sur le sommet de la dune voisine,
Voyez quel horizon se déroule en ces lieux ! !

Devant vous apparaît cette île fortunée (2),
Retraite que choisit Aliénor, autrefois,
Traînant dans le malheur sa haute destinée,
Reine, elle a survécu par son code de lois.

Massiou, histoire de Saintonge, introduction, 1er vol. (Cosme Béchet, Usances de Saintes.

Les vents furieux l'ont mise à nu cet hiver.

(1) Le Galon d'Or ainsi nommé à cause de la grande quantité de lingots dont se trouvaient chargés un grand nombre de navires perdus sur les passes de Maumusson.

(2) L'île d'Oleron recelait en l'année 1141 beaucoup de cerfs, biches et daims (V. Massiou, tom. 1er, pag. 513).

C'est là que la fille de Wiltelm, épouse délaissée par le roi des Français,

On dit que, dans ces temps, la mer qui nous sépare
N'était rien qu'un ruisseau qu'on passait sans nager,
Que les daims et les cerfs, au bruit de la fanfare,
Sautaient, d'un seul élan, pressés par le danger.

Ce clocher dentelé (1) qui dans les airs s'élance,
Est un défi jeté jadis par les Anglais ;
Ils voulaient, sous leur joug, assujettir la France ;
Mais la France indignée a dit : Jamais, jamais.

Après tant de combats, voyez-vous La Rochelle
Elever sur la mer son front dominateur ?
Sa digue et ses assauts devaient rendre immortelle
Sa défense où Guiton (2) signala sa valeur.

Plus près, un autre aspect, c'est la triste Brouage ! (3)
Dont les remparts déserts s'écroulent, chaque jour !
La mer qui l'entourait a fui loin du rivage,
Le temps de sa grandeur est passé, sans retour.

Loys VII, venait chercher la solitude dont elle avait besoin. Debout, sur les grèves de l'Océan, elle aimait à promener ses regards pensifs sur cette mer agitée, image du trouble de son âme ; elle y trouvait quelque chose de sauvage et de mélancolique qui plaisait à son cœur ulcéré. Ce fut là que l'héritière des ducs d'Aquitaine fit rédiger le fameux Code Nautique, connu sous le nom de Rôles ou Jugements d'Oleron (Tassiou, tom. 1er, pag. 525).

(1) Marennes, chef-lieu d'arrondissement du département de la Charente-Inférieure.

(2) On connaît la défense héroïque du célèbre Guiton, maire de La Rochelle, et la digue du cardinal de Richelieu, qui força la ville à se rendre après treize mois de la défense la plus opiniâtre.

(3) Brouage, ville maritime qui fut reconstruite par le cardinal de Richelieu à qui elle appartenait et que la mer a abandonnée depuis plus d'un siècle.

Du fameux Cardinal voici pourtant l'ouvrage,
Il veut créer un port ; il périt loin des flots ;
Il veut anéantir, par sa digue sauvage,
L'autre port qui résiste et brave ses assauts.

Enchaînez donc les flots, Puissances de la terre !
Construisez, à grands frais, des cités et des ports !
Et puis, le temps vengeur et la vague en colère
Briseront vos projets, en trompant vos efforts !

Ce point, c'est l'île d'Aix (1), où Gambier incendiaire,
Redoutant d'attaquer, en plein jour, nos vaisseaux,
Dans l'ombre, sans combat, contre un noble adversaire
A flétri son honneur, en lançant ses brûlots.

Témoins de ces horreurs, les bords de la Charente
Ont recueilli nos morts, en se voilant de deuil !
Trahis, mais non vaincus, dans cette nuit sanglante,
Nos marins frémissant mouraient avec orgueil.

Et toi, Tour de Fouras, jour de triste mémoire !
Tu vis Napoléon exilé par les Rois !
Napoléon tombé du faîte de sa gloire,
Foula ton sol français, pour la dernière fois !

---

(1) L'île d'Aix, petit îlot témoin des brûlots lancés par les anglais commandés par lord Gambier le 11 avril 1809 à 8 heures du soir. (Voir l'Histoire de Rochefort, Viaud et Fleury, 2me vol., pag. 374.)

Partout des souvenirs tristes mais pleins de charmes,
Nos revers sont empreints de gloire et de grandeur,
L'histoire a des malheurs pour aiguiser les armes,
Les crimes tôt ou tard appellent un vengeur.

Ce reste de tronçon, c'était la tour de Broue (1)
Où venaient autrefois aborder les vaisseaux ;
Mais la scène a changé : de tout le temps se joue,
Où des vaisseaux flottaient bondissent des troupeaux.

Là, ces marais salans rappellent la Gabelle,
De fâcheux souvenirs, des luttes, des combats;
Et ces gros tas de sel sont l'image fidèle
D'un vaste camp dressé pour cent mille soldats.

Détournez vos regards, voyez cette flottille
Qui s'élance au signal, pour pêcher sur les bancs ;
Les mâts sont confondus : tels, dans leur vol agile,
Les vanneaux réunis s'abattent sur les champs.

Venez, baigneurs, venez visiter notre plage,
La brise du matin murmure doucement;
La mer est sans écueil, le ciel est sans orage,
Accourez, il fait chaud, la fraîcheur vous attend.

---

(1) La Tour de Broue, au pied de laquelle on construisait encore dans le XVIIme siècle, des bâtiments de 40 tonneaux. (Massiou, tom. 1er, introduction, pag. 13.)

L'ancien port des Santons (1) était à La Tremblade,
La Seudre avait alors un plus facile accès,
Et l'on dit que César a mouillé sur sa rade,
Pour étendre en vainqueur le cours de ses succès.

Plus tard, le grand Colbert (2), qui sentait l'importance
D'avoir sur l'Océan les ressources d'un port,
A La Tremblade avait donné la préférence,
Quand on changea les plans, pour créer Rochefort.

De la Seudre partaient ces huîtres tant vantées
Qu'on offrait en tribut, à Rome, aux empereurs ;
Et, par delà les mers, aujourd'hui transportées,
Elles n'ont rien perdu de leurs premiers honneurs.

Sur ces bords enrichis des mains de la nature,
L'huître mise en dépôt dans le vivier grandit,
Puis prenant dans la claire une autre nourriture,
Elle achève son croît, devient ferme et verdit.

---

(1) Deux Mémoires sur le Portus Santonum et le Promontarium Santonum, par M. H. Fl., ont été agréés et publiés par la Société des Antiquaires de l'Ouest. Ils démontrent, autant qu'il est possible de le faire, contrairement à tout ce qui a été écrit à cet égard dans les auteurs anciens et modernes, qu'il est probable que le Portus Santonum était au pied du camp de César à Toulon (Charente-Inférieure), et le promontoire à Broue. — (Voyez ces deux Mémoires suivis d'une carte, Bulletin Monumental, année 1840. — Histoire de la Saintonge, Massiou, 1er vol.; Lesson, L'Abbé Lacurie, &c , &c.) — D'autres prétendent que ce port existait auprès de la ville d'Auchoanne, à très peu de distance de La Tremblade sur la Seudre.

(2) D'après M Massiou et MM. Viaud et Fleury, Colbert avait d'abord jeté les yeux sur la Seudre avant la création du port de Rochefort sur la Charente.

Puis après, rayonnant sous sa verte couronne,
Au milieu des banquets, on l'accueille partout;
Dans l'univers entier sur la table elle trône,
Rien ne peut égaler son parfum et son goût.

Partez, voici l'automne, agiles écaillères,
Transportez vos produits sous un climat plus doux,
Mais bientôt revenez, fidèles messagères,
A la saison des fleurs, revenez parmi nous..

Vous fuyez, revenez avec les hirondelles;
Vous craignez les frimats, vous aimez le soleil,
A ses rayons dorés vous réchauffez vos aîles,
Et toujours le printemps vous sourit au réveil.

Que les jeux et les ris et la troupe des grâces
Accompagnent vos pas, en tous temps, en tous lieux;
Nos bains vont commencer, entraînez sur vos traces
Les baigneurs empressés de se rendre à vos vœux.

Pauvre coin inconnu, Tremblade hospitalière !
Asile où j'ai trouvé la paix et le bonheur,
Du linceul de l'oubli rejette la poussière,
Viens, donne-moi la main, je suis ton défenseur.

Oui, j'ai rêvé pour toi des heures fortunées,
Des fêtes, des plaisirs, prends tes plus beaux atours !

Sur ton front abattu j'ai lu tes destinées,
Après le sombre hiver succèdent les beaux jours !

Et tandis qu'incertains, doutant de ton étoile,
Tes enfants endormis craignent de faire un pas,
Etranger, moi j'irai pour arracher le voile
Qui dérobe aux regards tes modestes appas.

Je peindrai tes beautés, tes grands pins, ton rivage,
Tes sentiers, tes ravins, ton sol accidenté,
Tes dunes bondissant au souffle de l'orage,
Et tes sites empreints d'une mâle fierté.

Sois sensible à ma voix, je suis ton humble guide,
Laisse entrevoir au jour tes charmes trop discrets ;
Lorsque tout parle ici, jusqu'à ton sable aride,
Qui pourrait m'empêcher de chanter tes attraits ?

Baigneurs, venez, nos bains offrent une onde claire,
C'est l'Océan sans fin, c'est une mer d'azur,
C'est l'eau la plus limpide et la plus salutaire,
C'est le cristal brillant d'un ruisseau toujours pur.

Chasseurs, nous n'avons plus de cerfs sur nos rivages,
Mais bien force lapins, lièvres, cailles, perdrix,
Râles, oiseaux de mer, vanneaux, canards sauvages ;
Chaque chose a son temps, chaque chose a son prix.

Notre vin blanc est doux, nos huîtres sont parfaites,
Vous pouvez les pêcher, même étant dans le bain,
A l'ombre de ces bois je connais des retraites,
Où l'on peut rire et boire et narguer le chagrin.

De Royan jusqu'ici la distance est bien courte,
C'est un pays semé de villages coquets,
Tout sourit aux baigneurs, en courant sur la route,
Là, mille objets divers s'offrent aux yeux distraits.

La Tremblade et Royan, malgré leur différence,
L'un et l'autre sont joints par des chaînes de fleurs,
Chacun selon son goût, l'éclat et l'opulence,
Le mystère et les bois, le bruit et les grandeurs.

O vous tous qui souffrez et voulez du silence ,
Des sentiers, de l'ombrage, où l'on rêve à loisir,
Vous qui, las de la ville, aimez l'indépendance,
La Tremblade vous offre un lieu pour vous guérir.

Si l'Empereur, un jour, voulait de sa présence
Nous honorer et voir les lieux que j'ai décrits ;
Il dirait : Le tableau qu'on m'avait fait d'avance
Est fidèle, on n'a pas trop flatté le pays.

Venez, baigneurs, venez visiter notre plage,
La brise du matin murmure doucement ;
La mer est sans écueil, le ciel est sans orage,
Accourez, il fait chaud, la fraîcheur vous attend.

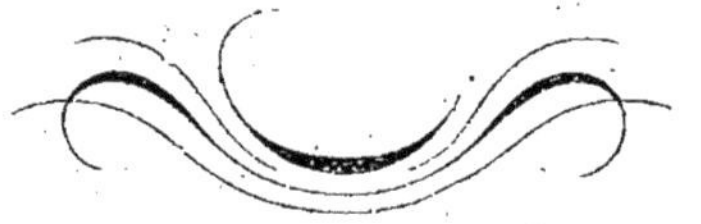

ROCHEFORT. — IMPRIMERIES MERCIER ET DEVOIS.

INAUGURATION

Des Bains de la Tremblade.

sous les feux du so- leil que
juil-let nous en- voie quand tout sèche, lan- guit et
cherche le re- pos, vo- yez comme, en mou- rant la
va-gue se dé- ploie pour vous dire, en pas- sant, je-tez-vous

dans les flots. la Voix de Haumus-son, ce monstre for-mi-
da-ble qui fait trembler la mer de ses longs a-boie-
-ments a ces-sé de mu-gir-dans son gouffre ef-fro-
-ya-ble quand l'hiver-a fait place aux douceurs du prin-
-temps.

www.ingramcontent.com/pod-product-compliance
Ingram Content Group UK Ltd.
Pitfield, Milton Keynes, MK11 3LW, UK
UKHW022145190726
13855UKWH00003B/1346

9 782013 0672